Versión Edición Color

NEUROCIENCIA APLICADA AL TENIS

Concepto y 70 tareas para su entrenamiento

Grupo IAFIDES

WANCEULEN Editorial

WANCEULEN EDITORIAL DEPORTIVA

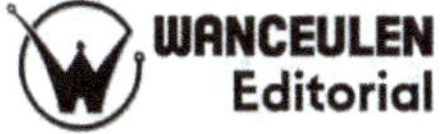

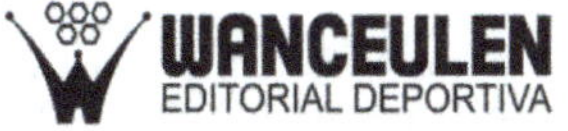

Título: NEUROCIENCIA APLICADA AL TENIS. CONCEPTO Y 70 TAREAS PARA SU ENTRENAMIENTO
Autor: GRUPO IAFIDES
Corrección del texto: MANUELA CASTILLO SOLER

Editorial: WANCEULEN EDITORIAL
Sello Editorial: WANCEULEN EDITORIAL DEPORTIVA

ISBN (Papel blanco y negro): 978-84-18831-09-6
ISBN (Papel color): 978-84-18831-10-2
ISBN (Ebook): 978-84-18831-11-9

DEPÓSITO LEGAL: SE 903-2021

Impreso en España.

WANCEULEN S.L.
C/ Cristo del Desamparo y Abandono, 56 - 41006 Sevilla
Dirección web: www.wanceuleneditorial.com y www.wanceulen.com
Email: info@wanceuleneditorial.com

ÍNDICE

INTRODUCCIÓN..7

SIMBOLOGÍA..17

70 TAREAS DE NEUROCIENCIA APLICADA AL TENIS......................19

INTRODUCCIÓN

El neurocientífico e investigador Fabricio Ballarini habla de que "las investigaciones de neurociencia nos dicen que recordamos y sabemos de los eventos novedosos, los que interrumpen la rutina" ... "hay que educar al cerebro".

"La neurociencia deportiva es práctica, tiene que ver con los focos de atención, los tiempos de retención, como manejar el estrés... es algo experimental"

La neurociencia es un área científica que estudia del sistema nervioso en todo su ámbito. La neuroeducación es la aplicación de la neurociencia al aprendizaje y estudia cómo funciona el sistema nervioso cuando aprendemos. La neurociencia educativa estudia el proceso por el que nuestro cerebro aprende basándose en la genética, el entorno y la experiencia, junto con los procesos cognitivos y emociones y, además, estudia qué sentimientos influyen en el aprendizaje.

Hay una tendencia educativa muy fuerte afianzada en estos conceptos y cada día se ve más reflejada en la enseñanza del deporte, aunque que mal entendida puede llevar a errores y a no conseguir los resultados pretendidos.

El proceso de la toma de decisión es:

Pero en deportes como el tenis, en el que se resuelven muchas acciones, la realidad es cambiante y el tenista está sometido a estrés competitivo en su desarrollo y aprendizaje (aparecen la testosterona y el cortisol) y el mecanismo de nuestro cerebro tiene que responder a las distintas situaciones sin posibilidad de pensar cuál es la mejor solución. La experiencia y el control de las emociones hará que el mecanismo sea:

Entenderemos por estímulo la percepción de lo que está sucediendo usando los sentidos para decidir con mayor pericia, pero sin la posibilidad de reflexionar para dar una respuesta..

El foco de atención hay que ponerlo en lo importante y ser selectivo, esa capacidad es importante para el desarrollo de los tenistas.

Para desarrollar la neuroplasticidad se necesita de distintos tipos de memoria:

- Memoria declarativa: capacidad de recordar eventos, números, estímulos sensoriales y relatorios.
- Memoria de procedimiento: capacidad de ejecutar acciones motoras complejas aprendidas con anterioridad.

Los tenistas tienen que buscar desarrollar una inteligencia resolutiva durante sus entrenamientos.

En cualquier ámbito de la vida, cuando se falla en una situación, se repite una y otra vez hasta que salga bien, mejorando la ejecución o algún aspecto que creamos haber fallado para alcanzar la excelencia de lo planteado. Ahora bien, en un partido de tenis las situaciones no se repiten en el tiempo. En cada partido nos enfrentamos a un rival distinto, con unas características distintas, con unas habilidades distintas, nuestro estado no es el mismo y el resultado tampoco, por ejemplo. Un tenista está constantemente tomando decisiones ante distintos escenarios: el rival mas cerca o mas lejos, la pelota mas alta o mas baja, mas fuerte o más débil... Hasta la ejecución de un saque, que puede ser la más aislada o repetitiva en el tiempo durante los partidos, es una acción que cambia según el rival que tenga enfrente, el resultado del partido, el minuto de partido, si es el primero que ejecuta o ya ha ejecutado otros durante el mismo, si el rival los ha contrarrestado o no... No existen dos saques iguales. La clave del aprendizaje es que puedo aprénder de los errores que cometa, para no volver a cometerlos y, cuando me encuentre con una situación "igual", el conocimiento y la habilidad que tenga para descartar los estímulos que no tengan trascendencia y para identificar los que puedan influir hará que consiga el resultado pretendido.

Entonces... ¿cómo entrenamos a los jugadores? Si haga lo que haga nunca voy a poder simular lo que va a pasar en el partido...

Cualquier acción requiere una interpretación de lo que está sucediendo, pero no puede ser reflexiva. No existe tiempo para valorar. Si el jugador se para a reflexionar y a valorar perderá cualquier tipo de ventaja que pueda tener ante una situación. Los entrenadores tenemos que darles herramientas para que su ejecución sea eficaz y para que el jugador sea eficiente. Digo eficaz, porque los puntos valen de igual manera de revés que de volea. Y tiene que ser eficaz técnicamente (buena ejecución) y eficiente tácticamente (conseguir el objetivo pretendido).

El tenista tiene que estar en condiciones óptimas para competir y poder rendir durante los partidos. Si un jugador falla un golpeo en un partido no sólo tiene que ser porque sea malo técnicamente o porque no lo haya ejecutado bien; puede ser porque se puso nervioso ante la presión del resultado y se precipitó, porque no usó el tipo de golpeo adecuado para mandar la pelota dónde quería, porque el rival se adelantó a su golpeo para anticiparse a la pelota, porque eligió mal la parte de la raqueta con la que realizar el golpeo...

¿Cómo corregimos esto?

Parar a los dos jugadores en una simulación de la acción en la que se le explique al jugador en cuestión cómo o dónde tenía que haber ejecutado el golpeo se considera una pérdida de tiempo y de energías que no producirá ninguna mejora en el tenista ni en su juego. Hay que darle un feedback rápido y conciso y seguir con lo siguiente. Igualmente, después de esto, poner a un jugador enfrente de otro (vis a vis) y hacer un alto número de repeticiones de golpeos para la corrección de lo sucedido para buscar una mejora del juego sigue siendo poco útil. Las situaciones rutinarias se olvidan.

Se aprende a golpear equivocándonos en el golpeo, y golpeando una y otra vez en distintas situaciones, lo importante no es que el golpeo esté bien ejecutado en cuanto a unos patrones de ejecución del gesto técnico (que es lo que queríamos), lo importante es que, cuando lo falle, recupere pronto la iniciativa para poder tener otra posibilidad de golpear la pelota y conseguir que llegue al campo rival en condiciones que el contrario no pueda devolverla y, si lo hace, lo haga en condiciones ventajosas para poder devolverla de nuevo con ventaja, por ejemplo.

Entonces, tenemos que preparar al tenista para que sea capaz de resolver todas las acciones del juego, porque a lo mejor lo que estuvo mal ("con el periódico del lunes") no es el golpeo, sino que no debió elegir otra zona para enviar la pelota, dejarla pasar para que el rival se desplazara y golpear cuando se moviera a otro lugar, creyó que el rival se iba a mover y no se movió, debió imprimir mayor fuerza al golpeo ... con lo cual, tenemos que preparar a los jugadores para que sean capaces de resolver las situaciones del partido.

La tendencia para corregir un error es aislarlo y trabajarlo de manera aislada para la mejora del rendimiento, pero la experiencia y el entendimiento del juego como una realidad cambiante hace pensar que nos acerca más al error porque no produce una mejora en el juego, produce una mejora de una acción aislada, que nunca más se volverá a repetir durante la vida deportiva del tenista en las mismas condiciones.

En etapas de formación nos gusta enseñarles a los jóvenes tenista cómo es el golpeo para la ejecución del saque y hacer esa demostración *"que saca a relucir esa calidad técnica que tenemos todos los entrenadores, muy superior a la de nuestros jóvenes aprendices"*.

El tenista bueno que todos queremos es el que sabe cuándo tiene que hacer un tipo de golpeo u otro, el que golpea "bien" la pelota, el que interpreta la acción del contrario, el que se anticipa a su juego..., en definitiva, el que toma bien las decisiones sobre el terreno de juego.

Es igual de válido un golpeo de volea que de bandeja siempre y cuando llegue en las peores condiciones al rival (en desventaja). Puede no ser igual de estético según los patrones motrices del golpeo para esa situación determinada, pero si el jugador puede ejecutarlo con destreza y consigue su objetivo de manera habitual... ¿por qué no?

El profesor Julio Garganta habla del talento como algo que no se descubre, se alcanza. El talento hay que potenciarlo y ponerlo en valor.

"El talento no se encuentra como con un detector de metales, que pita cuando lo tienes delante" (Julio Garganta).

Cuando entrenamos o preparamos a nuestros jugadores tenemos que diseñar nuestras sesiones de entrenamiento. Hoy en día se hacen multitud de tareas intentando "perturbar" la decisión para condicionar al tenista en su toma de decisión: cambiándole el color en el último momento que le indica dónde tiene que tirar, decir un número y tiene que desplazarse hacia un lugar antes de golpear... Y yo me pregunto por qué en un "juego" como el tenis, en el que se toman tantas decisiones, que queremos que el jugador domine y sepa interpretar en cada momento, los estímulos que utilizamos para que el jugador ejecute no tienen nada que ver con el juego.

Durante el juego se coordinan diferentes procesos cognitivos de manera simultanea con la visión periférica.

La visión periférica es importante, pero saber poner el foco en lo relevante es clave para la correcta toma de decisión. Existe un gran número de trabajos aplicados desde el área física en su mayor parte que utilizan estas teorías y estos artículos científicos sobre el aprendizaje en los entrenamientos, pero muy alejados del juego.

En todas las facetas del tenis se intentan copiar cosas de otros deportes que a lo mejor están más avanzados o tienen un mayor grado de estudio y demuestran transferencia. Las situaciones no se repiten nunca en el juego, no hay dos golpeos iguales en un partido, no hay dos rivales iguales, no hay dos remates iguales en un partido... Entonces, si estamos de acuerdo en esto, ¿no sería mejor preparar a nuestro jugador para que sepa reaccionar mejor ante las situaciones que se dan en el juego y ante estímulos que tengan que ver con este y no con colores, números, palmadas, pitido del silbato...? Existen muchas dudas de que en un entrenamiento el hecho de que un tenista "vea el rojo y golpee la pelota a la zona donde está el color rojo", tenga algo que ver con el juego, con su preparación y con su mejora como tenista. Mejorará capacidades del individuo, pero no entiendo que mejore como tenista. Es como si pensáramos que a un atleta de 50 metros lisos le va a producir una mejora de su rendimiento en la competición salir hacia el lugar rojo después de ver ese color.

Con esto no quiero decir que no se hagan juegos de activación, que no se hagan este tipo de tareas que nos pueden servir para entretener a los jugadores o como dinámicas, sólo expreso que, si queremos entrenar tenis y sacar mayor rendimiento a los entrenamientos, los que no tenemos muchas horas para poder entrenar a nuestros jugadores tenemos que intentar que nuestras tareas tengan la mayor transferencia al juego posible.

Se podría argumentar que estos estímulos intentan "molestar" al jugador para entrenar la capacidad de enfocarse en lo que está haciendo. Estímulos que nunca se va a encontrar en un partido.

Siempre será mejor trabajar que nuestro jugador envíe la pelota a una zona, cuando haya un movimiento del contrario hacia otra, cuando vea que se desplaza, obligarlo a que devuelva de revés... y conseguiremos mayor transferencia al juego, según el jugador que entrenemos, la edad, nivel de desarrollo del jugador y sus capacidades y cualidades.

¿Y si lo ponemos a golpear la pelota ante un rival que se mueve? El jugador tendrá que identificar el estímulo al que tiene que reaccionar (lugar al que va el rival) y enviarle la pelota con desventaja para recibir descartando todos los demás estímulos (amagues). Y si además el jugador golpea después de un golpeo del entrenador o del rival, si falla tendrá que devolver la pelota que le envíe el contrario... podremos aumentar la carga cognitiva de lo que estamos entrenando utilizando elementos del juego. Estímulos ante los que tendrá que reaccionar y dar una respuesta o descartar durante el juego.

De esta manera conseguiríamos contextualizar las acciones, hasta el punto que lo consideremos necesario y atendiendo al nivel de los jugadores a los que vayamos a exponer las tareas. Controlando y adaptando las cargas cognitivas.

La teoría de la carga cognitiva explica que el aprendizaje de una tarea demanda el reclutamiento de recursos neuronales, tales como la atención y la memoria de trabajo. Si la tarea consume un nivel excesivo de estos recursos la información no se procesará en su totalidad, lo que generará una disminución del aprendizaje (Pass, Van Gog y Sweller, 2010; Shuggi, Oh, Shewokis y Gentili, 2017).

Hay que intentar como entrenadores que el entrenamiento sea un medio facilitador del aprendizaje.

Nuestro objetivo como entrenadores es ayudar a nuestros jugadores en su proceso de aprendizaje bien sea en formación, iniciando o en alto rendimiento, compitiendo. En tenis, por mucho que intentemos que la competición sea lo más sana y educativa posible en su iniciación, en un partido compites con un rival para ganarle, porque es inherente al juego mismo. Los estímulos y las respuestas tienen que estar encaminados al aprendizaje del tenista y tienen que tener estrecha relación con lo que puede pasar en un partido para que el aprendizaje sea significativo, bien sea una situación en la que la respuesta siempre sea la misma (por ejemplo, golpear de revés) y que la decisión sea cómo golpear (largo o corto) o bien una situación en la que haya muchas respuestas (distintas posibilidades de golpeo) y muchas posibles decisiones dentro de esa respuesta (puede haber infinitas en la ejecución).

Para ello, la complejidad de la tarea irá estrechamente relacionada con la capacidad de aprendizaje y el desarrollo de las capacidades del jugador.

Las tareas más analíticas en el aprendizaje, para las mejoras de los gestos técnicos como tales, deben llevar una toma de decisión para su eficiencia, ya que enseñar los gestos técnicos disociados de todas las variables del juego, preparan al tenista para tener destreza en un golpeo determinado, a una distancia determinada, aplicando la misma fuerza y sin ninguna toma de decisión y los tenistas están constantemente tomando decisiones en un partido por la realidad cambiante del juego. Por ejemplo, dos jugadores uno enfrente de otro golpeando la pelota a la misma distancia, es una tarea o ejercicio que sólo le producirá al jugador una mejora del golpeo a esa distancia precisa y el aprendizaje carecerá de mejora cognitiva alguna. Mientras que ese golpeo, si el rival está variando la distancia, variando la velocidad a la que se mueve, devolviéndole la pelota a distintas alturas, cambiando de espacios... o cualquier otra variable que haga que la repuesta sea siempre la misma (que consistirá en golpear), la decisión de la ejecución será distinta y el proceso de aprendizaje llevará una carga cognitiva mayor y esto repercute directamente en la mejora del tenista en cuanto a las respuestas en el juego.

Existen multitud de reglas de provocación para que las tareas y los entrenamientos tengan el resultado requerido o que en el entrenamiento pase lo que nosotros queramos que pase y podamos encontrar ese matrimonio tan ansiado entre objetivo y contenido.

Para conocer y manejar todas las posibilidades durante un entrenamiento y que podamos alcanzar lo que buscamos en el entrenamiento propongo tres tipos de condicionantes:

- Condicionantes humanos.
- Condicionantes espacio-temporales.
- Condicionantes reglados.

Atendiendo a estos condicionantes siempre podremos conseguir que nuestras tareas consigan reproducir las situaciones que queremos que el jugador vivencie y tengan transferencia al juego.

Los condicionantes espaciotemporales, humanos y reglados de las tareas tendrán estrecha relación con el juego, no puede ser un condicionante para el tenista una cuerda para marcar la altura del golpeo, el condicionante debe tener relación con el juego, por ejemplo, poner un rival cerca de la red.

Al aplicar el concepto de neurociencia al tenis no buscamos que los tenistas sean mas rápidos, que lo serán en las decisiones que tomen y en el tiempo que tarden en tomarlas, lo que buscamos es que el proceso o mecanismo de decisión que desarrollen les haga capaces de decidir bien en tiempo y forma con respecto a la situación que tengan que resolver y el rival al que se enfrentan en base a su percepción, conocimiento y experiencia.

Consiste en aplicar las teorías del aprendizaje y de como aprende el jugador a la práctica del entrenamiento para su mejora y su evolución.

No entiendo por qué después de tantas teorías y estudios, sobre todo de especialistas en el área física y de la enseñanza, se siguen promoviendo tareas en las que se les hace llegar al tenista estímulos que nada tienen que ver con el juego y generarle contextos para que resuelva situaciones que alejan al tenista de la realidad competitiva a la que se va a enfrentar... Y si, además, la respuesta es golpear una pelota de otro tamaño, dejar la raqueta en el suelo, derribar un tubo, tocar la pared o solo tiene una posible decisión/ejecución... ¿dónde está la mejora de la toma de decisión en el proceso de aprendizaje del tenis cuando nada tiene que ver con el juego? Entendiendo la toma de decisión como la respuesta a un estímulo que identifique.

Puedo llegar a entender este tipo de tareas dentro de un intento de usarlas en la iniciación deportiva o con una intención lúdica pero no acabo de compartirlas para la especificidad del tenis.

El Doctor Robin Jackson, profesor de la Brunel University realizó un escáner a un grupo de futbolistas profesionales y los sometió a una prueba denominada: test de oclusión corporal. Llevó a cabo el test para averiguar cómo los jugadores anticipan las acciones de sus adversarios. El sistema de neuronas espejo era el origen de la capacidad de anticipación. La capacidad de adaptación más rápida es entrenable como cualquier otra habilidad o capacidad.

La propuesta, atendiendo a lo anteriormente expuesto y buscando que los entrenamientos sean más productivos en las diferentes etapas de formación, es una aplicación practica de la neurociencia (algo científico) al entrenamiento (algo práctico) para la mejora en el juego de nuestros jugadores en la etapa en la que se encuentren, basada en la interpretación que podemos hacer los entrenadores de la base científica que aportan los estudios del cerebro durante el aprendizaje de los deportes, en este caso del tenis.

En las tareas que vamos a desarrollar para una mejora del aprendizaje aplicando los beneficios de la neurociencia, los indicadores y estímulos serán propios del tenis para que haya una mayor transferencia del trabajo. Hay una tendencia educativa muy fuerte afianzada en estos conceptos y cada día se ve más reflejada en la enseñanza de los deportes, pero que mal entendida puede llevar a errores y a no conseguir los resultados pretendidos. El objetivo es que el entrenamiento de nuestro cerebro esté relacionado con el tenis y que las destrezas o avances que se consigan tengan repercusión directa en durante el juego (de los jugadores).

Estas tareas carecen de un contexto y el lector (entrenador) tendrá que condicionarlas en espacios y tiempos para conseguir el resultado requerido atendiendo a otros objetivos (sean secundarios o no) que se quiera alcanzar con la tarea: físicos, tácticos, de estrategia operativa... además de introducirlas en la parte que considere oportuno para llevarlas a cabo.

Hay que tener en cuenta que en el desarrollo del aprendizaje existen distintas etapas (debido a la evolución de los jugadores) y que los entrenadores tendremos que tomar como referencia la capacidad cognitiva de los mismos para poder elegir o adaptar las tareas que vamos a utilizar.

Aunque las tareas tengan un objetivo técnico o táctico, "no será lo importante". La finalidad de estas es que haya un entrenamiento de nuestro cerebro para que la decisión ante estímulos o adversidades nos de una respuesta efectiva (motriz), regulada por las emociones y que los tenistas sepan enfocarse en lo importante con una lectura o interpretación que los lleve a decidir sin reflexión, sobre la marcha, de manera intuitiva y se produzca un aprendizaje.

La mayor parte de las tareas tendrán como objetivo la mejora del golpeo de derecha o de revés, a modo de ejemplo, pero el concepto de neurociencia se puede aplicar a los distintos golpeos que podamos tener como objetivos de mejora. No obstante, al final del libro se desarrollarán tareas con otros golpeos como objetivos de las mismas y de mayor complejidad para ejemplificar la aplicación práctica.

SIMBOLOGÍA

Jugadores Equipo A	
Jugadores Equipo B	
Monitor	
Desplazamiento	
Trayectoria pelota	
Remate	
Bola	

NEUROCIENCIA APLICADA AL TENIS

70

TAREAS PARA SU ENTRENAMIENTO

Tarea N° 1	Objetivo	Mejora del golpeo de derecha
	Jugadores	1+M

Explicación

El jugador realizará golpeos de derecha en paralelo hacia el monitor, que irá variando su distancia con respecto a la red.

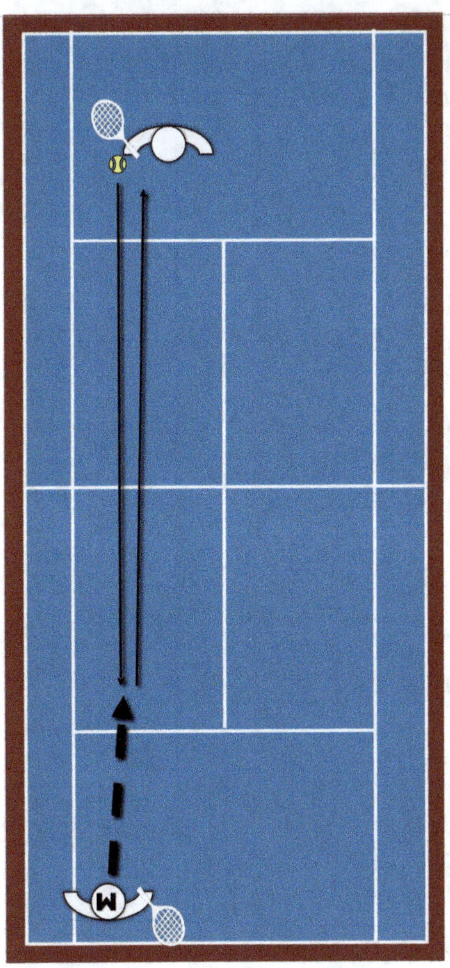

Tarea N° 2	Objetivo	Mejora del golpeo de derecha
	Jugadores	1+M

Explicación

El jugador realizará golpeos de derecha en paralelo hacia el monitor que no variará su posición y le desvolverá la pelota unas veces más cortas y otras más largas para variar su posición.

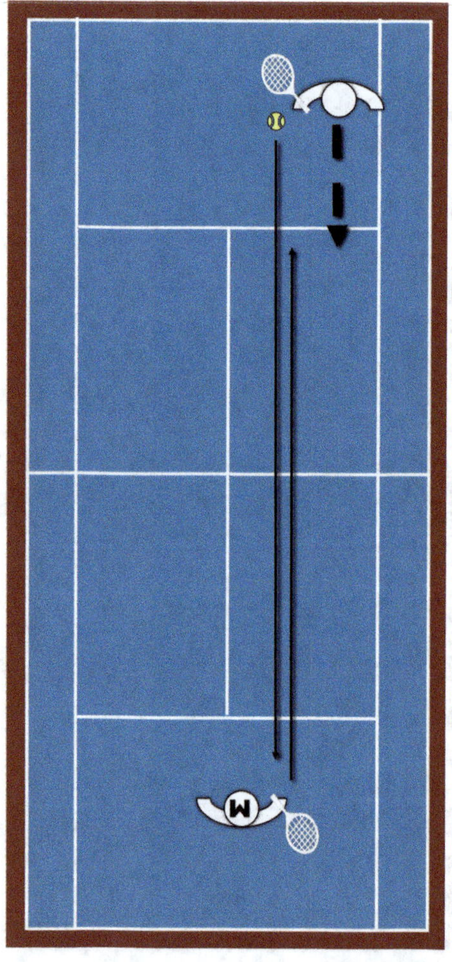

Tarea N° 3	Objetivo	Mejora del golpeo de derecha
	Jugadores	1+M

Explicación

El jugador realizará golpeos de derecha en paralelo hacia el monitor que variará su posición y le desvolverá la pelota unas veces más cortas y otras más largas para variar su posición.

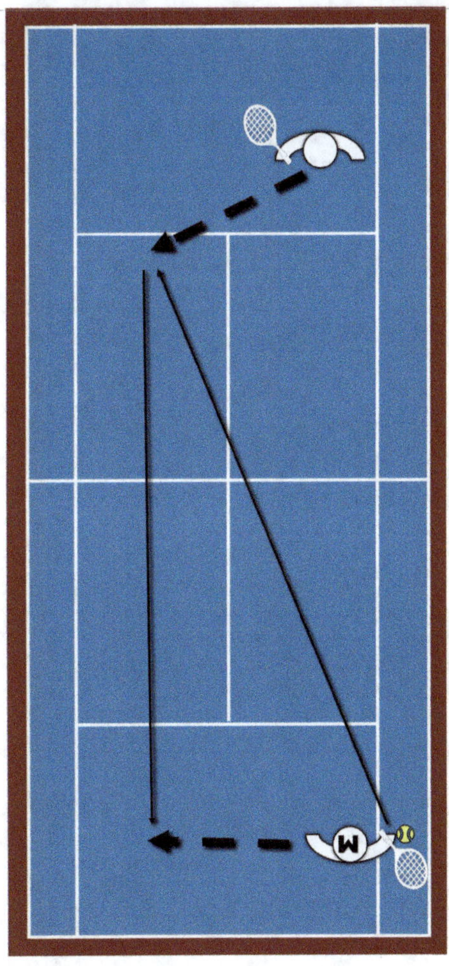

Tarea N° 4	Objetivo	Mejora del golpeo de derecha
	Jugadores	2

Explicación

Los jugadores realizarán golpeo de derecha en paralelo. Los jugadores cuando golpeen se acercarán o se alejarán para variar su posición y que el compañero se la devuelva.

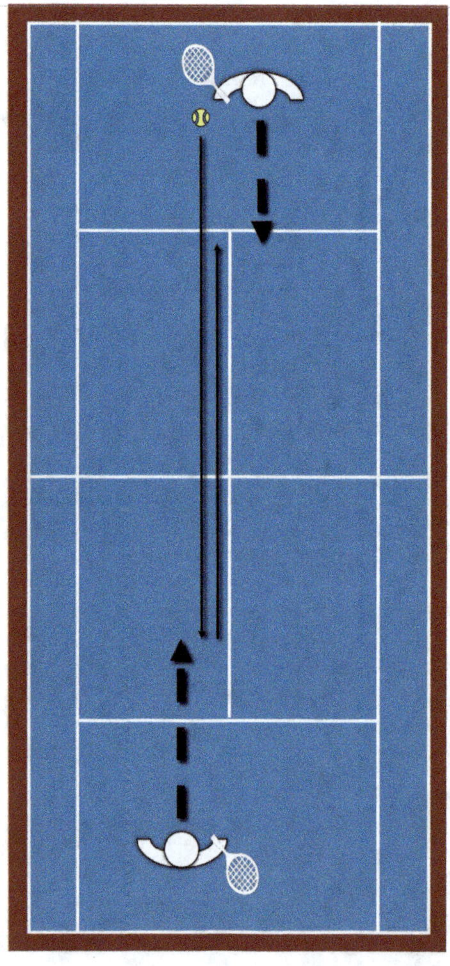

Tarea N° 5	Objetivo	Mejora del golpeo de derecha
	Jugadores	2

Explicación

Los jugadores realizarán golpeos de derecha en paralelo. Los jugadores cuando golpeen unas veces lo harán más corto o más largo para dificultar al contrario.

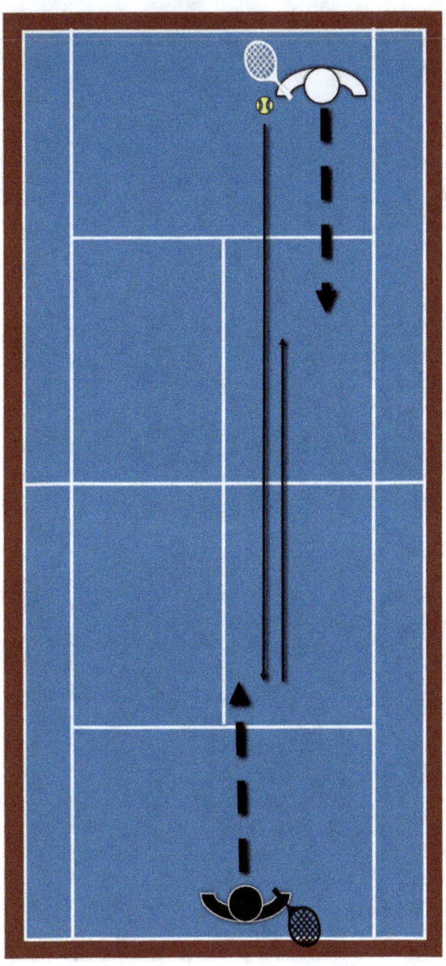

Tarea N° 6	Objetivo	Mejora del golpeo de derecha
	Jugadores	2

Explicación

Los jugadores realizarán golpes de derecha en diagonal. Los jugadores cuando golpeen la pelota se acercarán o se alejarán para variar su posición y que el compañero se la devuelva.

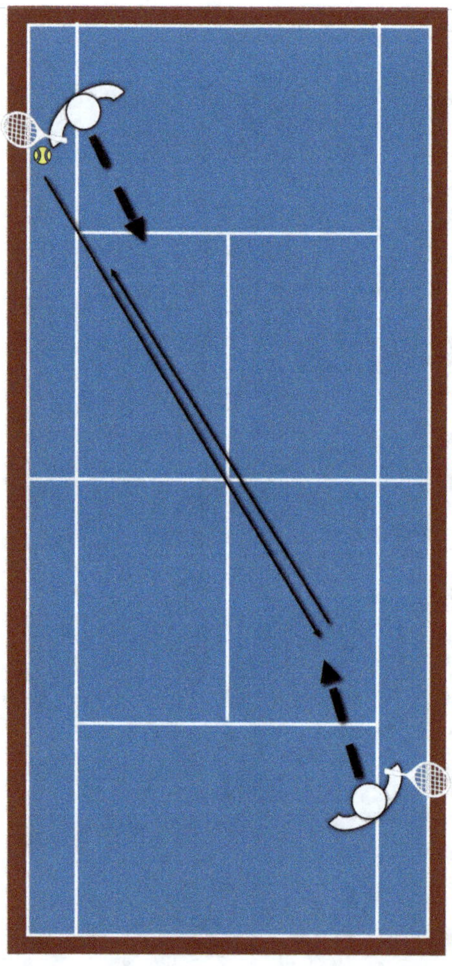

Tarea N° 7	Objetivo	Mejora del golpeo de derecha
	Jugadores	1+M

Explicación

El jugador realizará golpeos de derecha en diagonal hacia el monitor. El monitor cuando golpee la pelota se acercará o se alejará para variar su posición y que el jugador se la devuelva la nueva ubicación.

Tarea N° 8	Objetivo	Mejora del golpeo de derecha
	Jugadores	1+M

Explicación

El jugador realizará golpeos de derecha en diagonal hacia el monitor. El monitor no variará su ubicación y devolverá la pelota unas veces más cortas y otras más largas para que el jugador golpee.

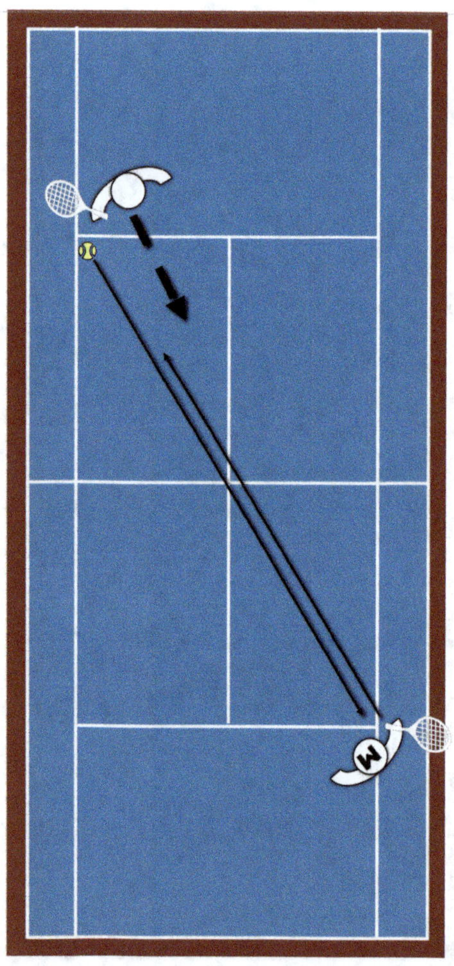

Tarea N° 9	Objetivo	Mejora del golpeo de derecha
	Jugadores	2

Explicación

Los jugadores realizarán golpeos de derecha en diagonal. Los jugadores cuando golpeen unas veces lo harán más corto o más largo para dificultar al contrario

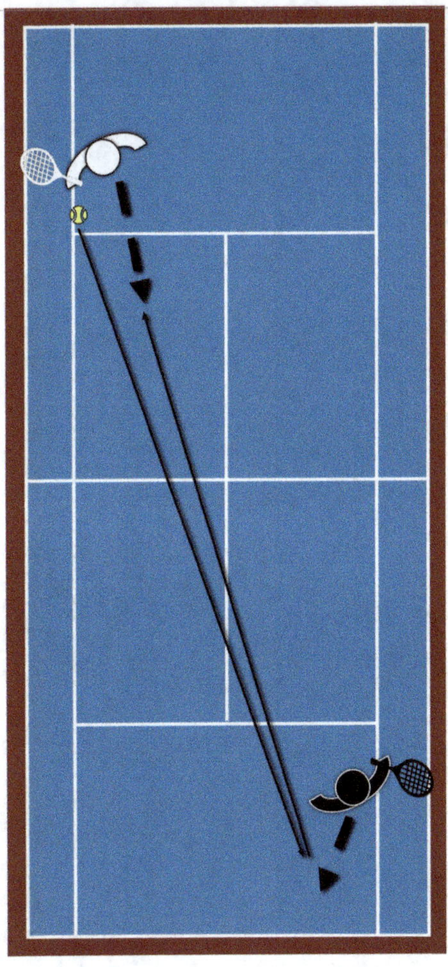

Tarea N° 10	Objetivo	Mejora del golpeo de derecha
	Jugadores	1+M

Explicación

El monitor desde el fondo golpeará en paralelo y el jugador tendrá que golpear de derecha al lado contrario al que se dirija el monitor.

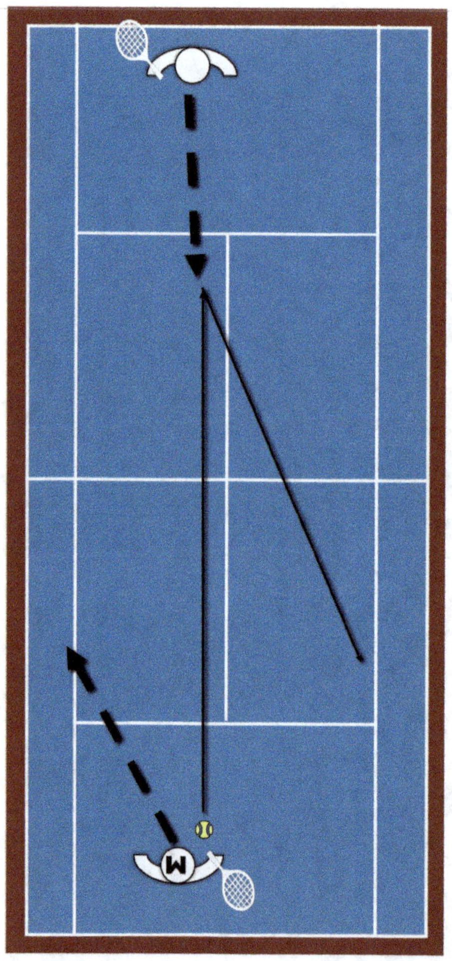

Tarea N° 11	Objetivo	Mejora del golpeo de derecha
	Jugadores	1+M

Explicación

El monitor desde el medio de la pista y el jugador desde el fondo. El monitor golpeará en paralelo y el jugador tendrá que golpear de derecha al lado al que se dirija el monitor.

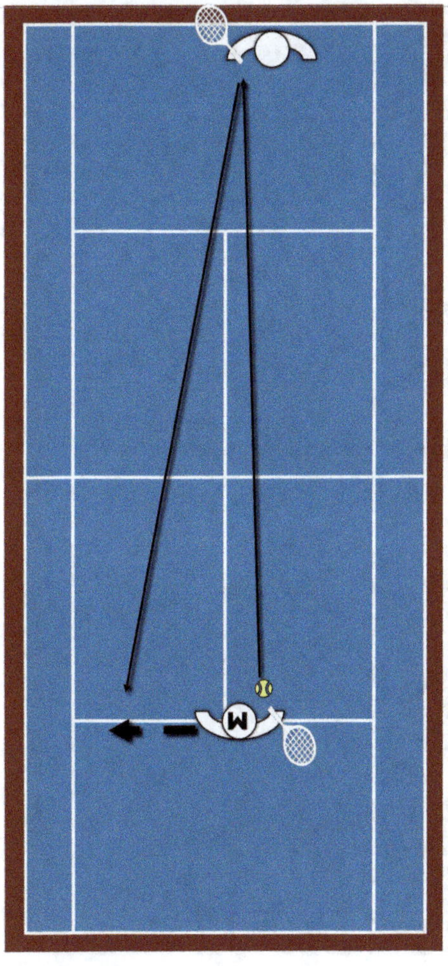

Tarea Nº 12	Objetivo	Mejora del golpeo de derecha
	Jugadores	1+M

Explicación

El monitor desde el medio de la pista y el jugador desde el fondo. El monitor golpeará en paralelo y el jugador tendrá que golpear de derecha al lado contrario al que se dirija el monitor.

Tarea N° 13	Objetivo	Mejora del golpeo de derecha
	Jugadores	1+M

Explicación

El monitor desde el medio de la pista y el jugador desde el fondo. El monitor golpeará en paralelo y el jugador tendrá que golpear de derecha más cerca o más lejos de la red según si el monitor se acerca o se aleja.

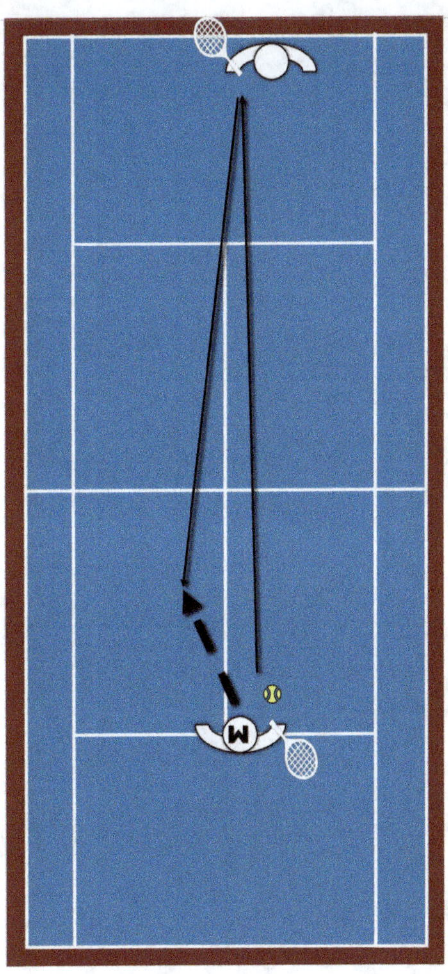

Tarea Nº 14	Objetivo	Mejora del golpeo de derecha
	Jugadores	1+M

Explicación

El monitor desde el medio de la pista y el jugador desde el fondo. El monitor golpeará en paralelo y el jugador tendrá que golpear de derecha más cerca o más lejos de la red según lo contrario que haga el monitor

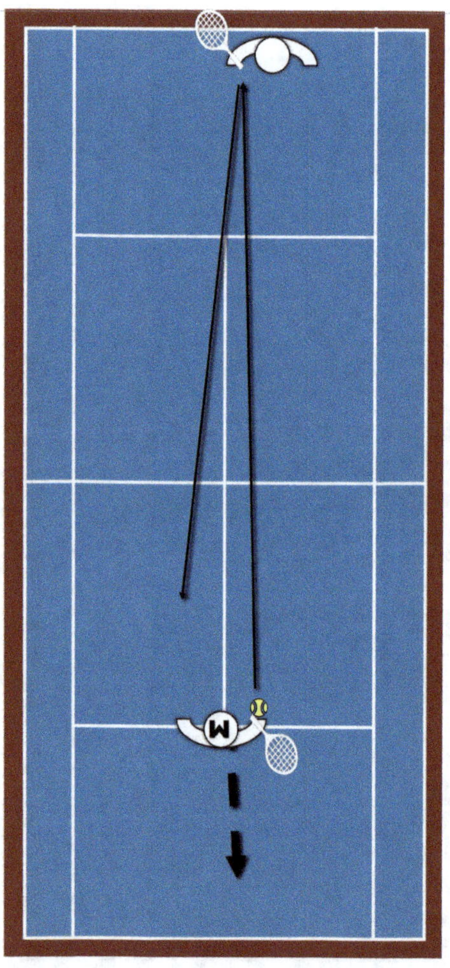

Tarea Nº 15	Objetivo	Mejora del golpeo de derecha
	Jugadores	1+M

Explicación

El monitor y el jugador en el medio de la pista. El monitor golpeará en paralelo y el jugador tendrá que golpear de derecha al lado al que se dirija el monitor.

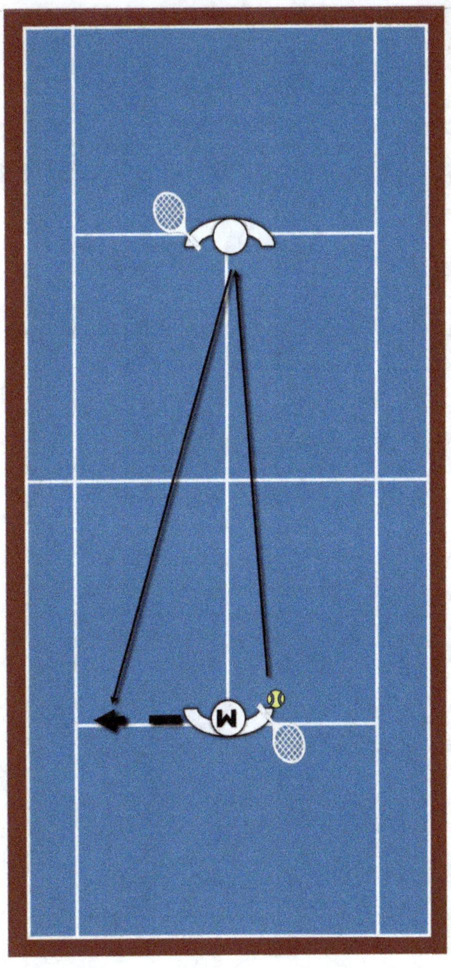

Tarea N° 16	Objetivo	Mejora del golpeo de derecha
	Jugadores	1+M

Explicación

El monitor y el jugador en el medio de la pista. El monitor golpeará en paralelo y el jugador tendrá que golpear de derecha al lado contrario al que se dirija el monitor.

Tarea N° 17	Objetivo	Mejora del golpeo de derecha
	Jugadores	1+M

Explicación

El monitor y el jugador en el medio de la pista. El monitor golpeará en paralelo y el jugador tendrá que golpear de derecha más cerca o más lejos de la red según si el monitor se acerca o se aleja.

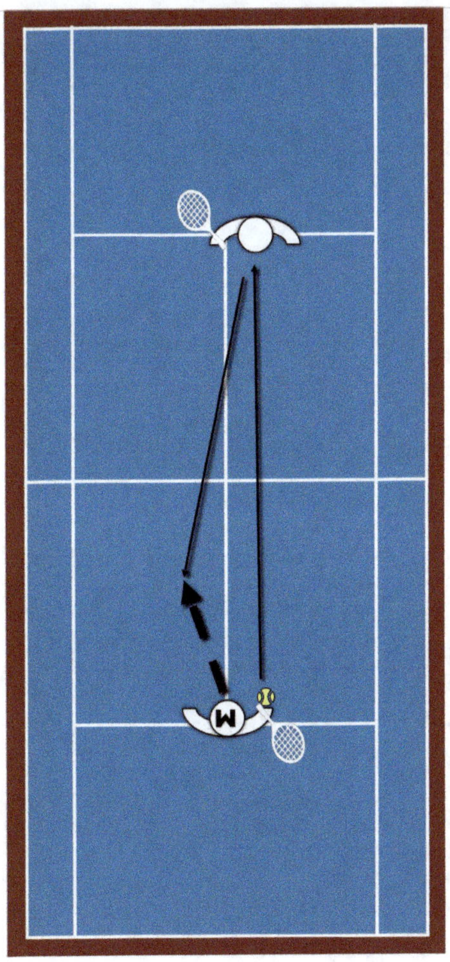

Tarea N° 18	Objetivo	Mejora del golpeo de derecha
	Jugadores	1+M

Explicación

El monitor y el jugador en el medio de la pista. El monitor golpeará en paralelo y el jugador tendrá que golpear de derecha más cerca o más lejos de la red según lo contrario que haga el monitor.

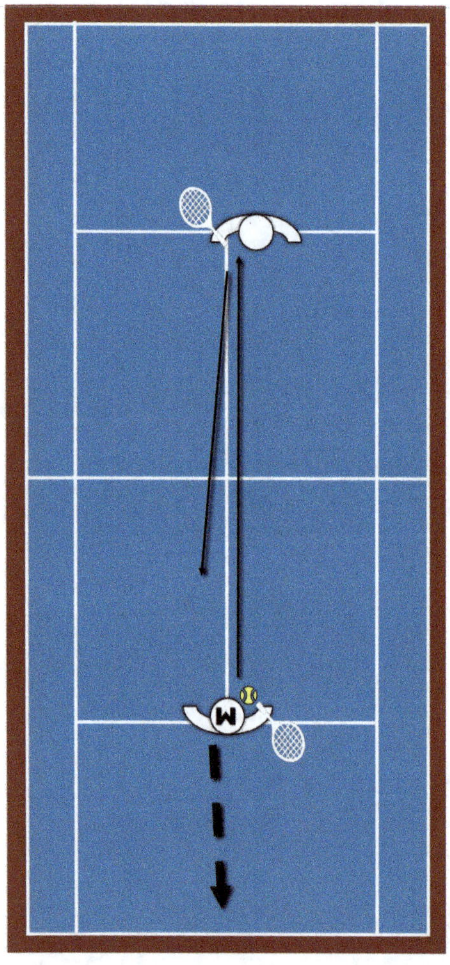

Tarea N° 19	Objetivo	Mejora del golpeo de derecha
	Jugadores	1+M

Explicación

El monitor desde el medio de la pista y el jugador desde el fondo. El monitor golpeará en paralelo y el jugador tendrá que ir a golpear de derecha al lado al que se dirija el monitor.

Tarea N° 20	Objetivo	Mejora del golpeo de derecha
	Jugadores	1+M

Explicación

El monitor desde el medio de la pista y el jugador desde el fondo. El monitor golpeará en paralelo y el jugador tendrá que ir a golpear de derecha al lado contrario al que se dirija el monitor.

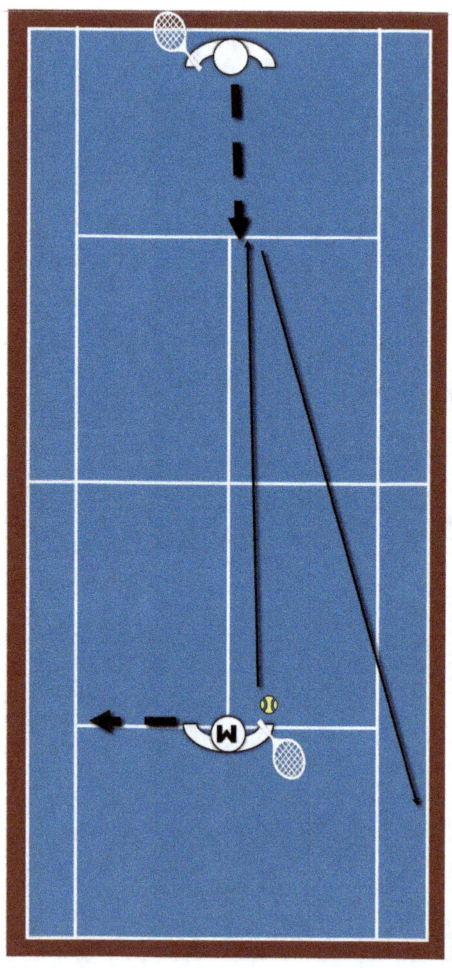

Tarea N° 21	Objetivo	Mejora del golpeo de derecha
	Jugadores	1+M

Explicación

El monitor desde el medio de la pista y el jugador desde el fondo. El monitor golpeará en paralelo y el jugador tendrá que ir a golpear de derecha más cerca o más lejos de la red según si el monitor se acerca o se aleja.

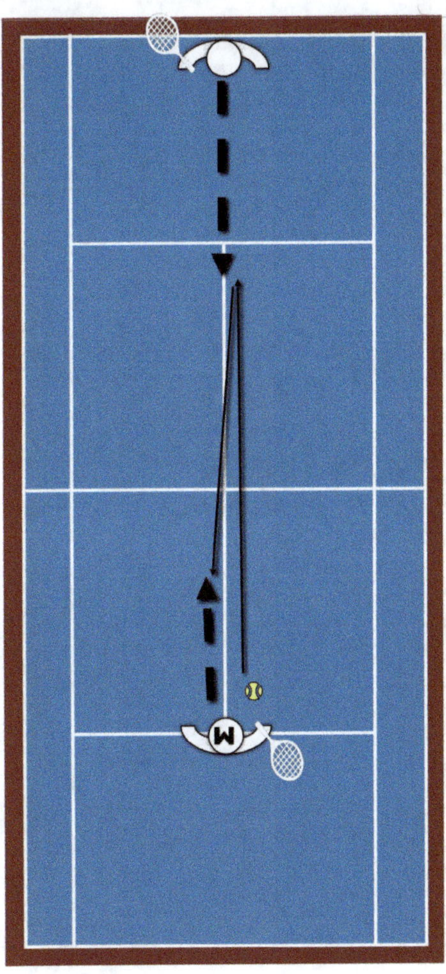

Tarea N° 22	Objetivo	Mejora del golpeo de derecha
	Jugadores	1+M

Explicación

El monitor desde el medio de la pista y el jugador desde el fondo. El monitor golpeará en paralelo y el jugador tendrá que ir a golpear de derecha más cerca o más lejos de la red según lo contrario que haga el monitor.

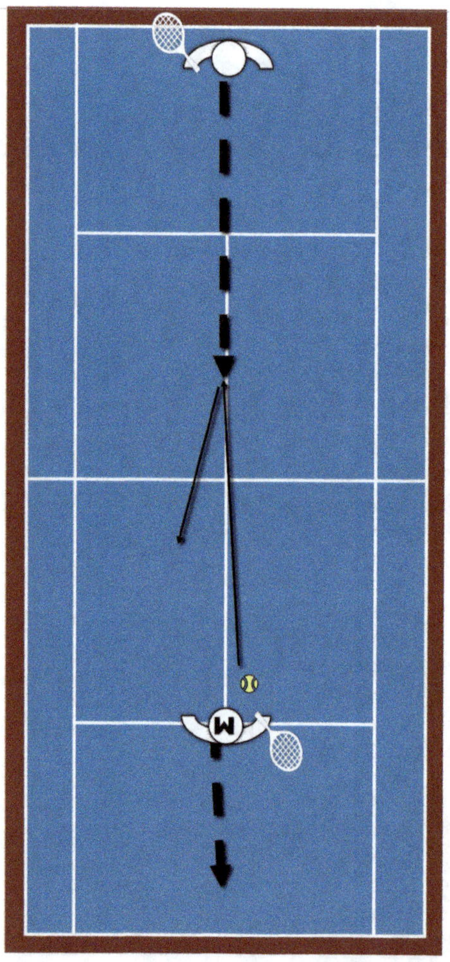

Tarea N° 23	Objetivo	Mejora del golpeo de derecha
	Jugadores	1+M

Explicación

El monitor cerca de la red y el jugador en el medio de la pista. El monitor golpeará en paralelo y el jugador tendrá que golpear de derecha al lado al que se dirija el monitor.

Tarea N° 24	Objetivo	Mejora del golpeo de derecha
	Jugadores	1+M

Explicación

El monitor cerca de la red y el jugador en el medio de la pista. El monitor golpeará en paralelo y el jugador tendrá que golpear de derecha más cerca o más lejos de la red según si el monitor se queda quieto o se aleja de la red.

Tarea N° 25	Objetivo	Mejora del golpeo de derecha
	Jugadores	1+M

Explicación

El monitor cerca de la red y el jugador en el medio de la pista. El monitor golpeará en paralelo y el jugador tendrá que golpear de derecha más cerca si el monitor se aleja o más lejos si el monitor se queda cerca.

Tarea N° 26	Objetivo	Mejora del golpeo de derecha
	Jugadores	1+M

Explicación

El monitor y el jugador cerca de la red. El monitor golpeará en paralelo y el jugador tendrá que golpear de derecha al lado al que se dirija el monitor.

Tarea N° 27	Objetivo	Mejora del golpeo de derecha
	Jugadores	1+M

Explicación

El monitor y el jugador cerca de la red. El monitor golpeará en paralelo y el jugador tendrá que golpear de derecha al lado contrario al que se dirija el monitor.

Tarea N° 28	Objetivo	Mejora del golpeo de derecha
	Jugadores	1+M

Explicación

El monitor y el jugador cerca de la red. El monitor golpeará en paralelo y el jugador tendrá que golpear de derecha más cerca o más lejos de la red según si el monitor se queda quieto o se aleja de la red.

Tarea N° 29	Objetivo	Mejora del golpeo de derecha
	Jugadores	1+M

Explicación

El monitor y el jugador cerca de la red. El monitor golpeará en paralelo y el jugador tendrá que golpear de derecha más cerca si el monitor se aleja o más lejos si el monitor se queda cerca.

Tarea N° 30	Objetivo	Mejora del golpeo de derecha
	Jugadores	1+M

Explicación

El monitor y el jugador en el medio de la pista. El monitor golpeará y el jugador tendrá que ir a golpear de derecha al lado al que se dirija el monitor.

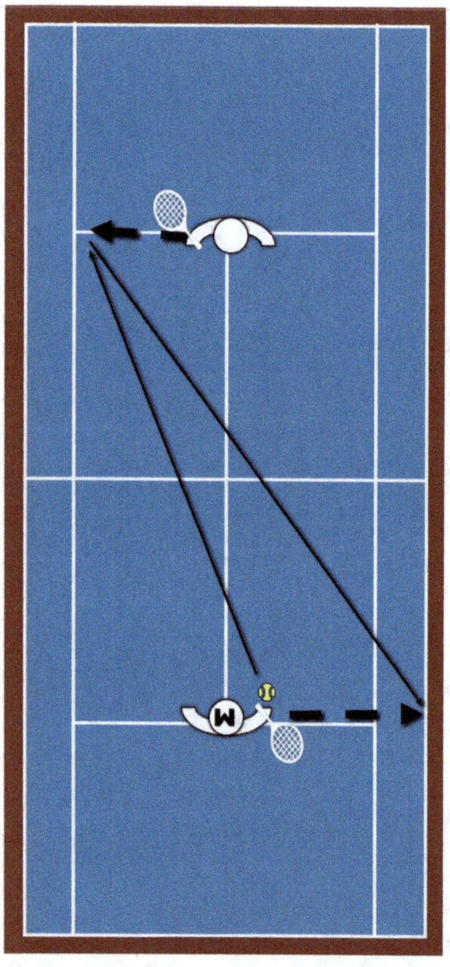

Tarea Nº 31	Objetivo	Mejora del golpeo de revés
	Jugadores	1+M

Explicación

El jugador realizará golpeos de revés en diagonal hacia el monitor. El monitor cuando golpee la bola se acercará o se alejará para variar su posición y que el jugador se la devuelva la nueva ubicación.

Tarea N° 32	Objetivo	Mejora del golpeo de revés
	Jugadores	1+M

Explicación

El monitor desde el fondo golpeará en paralelo y el jugador tendrá que golpear de revés al lado contrario al que se dirija el monitor.

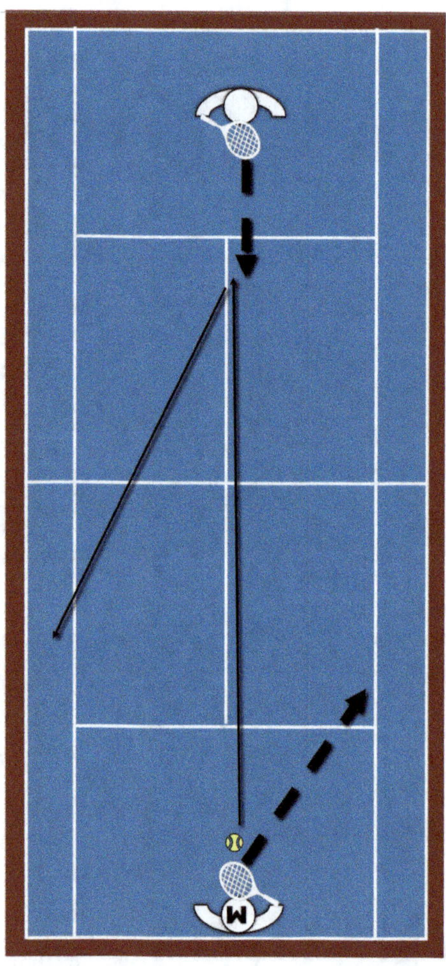

Tarea N° 33	Objetivo	Mejora del golpeo de revés
	Jugadores	1+M

Explicación

El monitor desde el medio de la pista y el jugador desde el fondo. El monitor golpeará en paralelo y el jugador tendrá que golpear de revés al lado contrario al que se dirija el monitor.

Tarea N° 34	Objetivo	Mejora del golpeo de revés
	Jugadores	1+M

Explicación

El monitor y el jugador en el medio de la pista. El monitor golpeará en paralelo y el jugador tendrá que golpear de revés más cerca o más lejos de la red según si el monitor se acerca o se aleja.

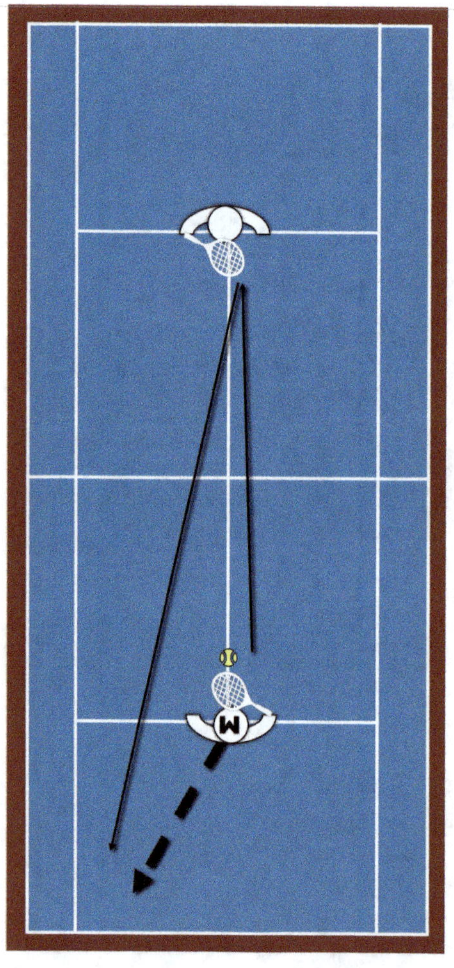

Tarea N° 35	Objetivo	Mejora del golpeo de revés
	Jugadores	1+M

Explicación

El monitor y el jugador en el medio de la pista. El monitor golpeará en paralelo y el jugador tendrá que golpear de revés más cerca o más lejos de la red según lo contrario que haga el monitor

Tarea N° 36	Objetivo	Mejora del golpeo de revés
	Jugadores	1+M

Explicación

El monitor desde el medio de la pista y el jugador desde el fondo. El monitor golpeará en paralelo y el jugador tendrá que ir a golpear de revés al lado al que se dirija el monitor.

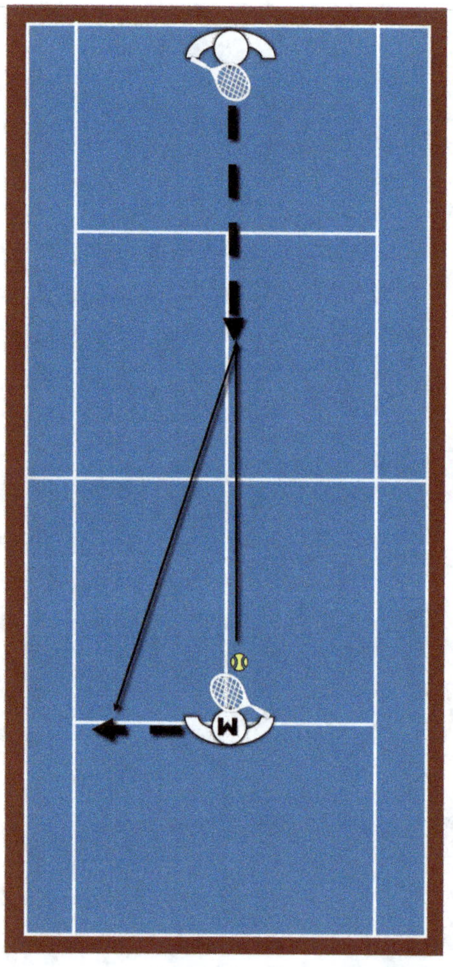

Tarea Nº 37	Objetivo	Mejora del golpeo de revés
	Jugadores	1+M

Explicación

El monitor desde el medio de la pista y el jugador desde el fondo. El monitor golpeará en paralelo y el jugador tendrá que ir a golpear de revés al lado contrario al que se dirija el monitor.

Tarea N° 38	Objetivo	Mejora del golpeo de revés
	Jugadores	1+M

Explicación

El monitor desde el medio de la pista y el jugador desde el fondo. El monitor golpeará en paralelo y el jugador tendrá que ir a golpear de revés más cerca o más lejos de la red según si el monitor se acerca o se aleja.

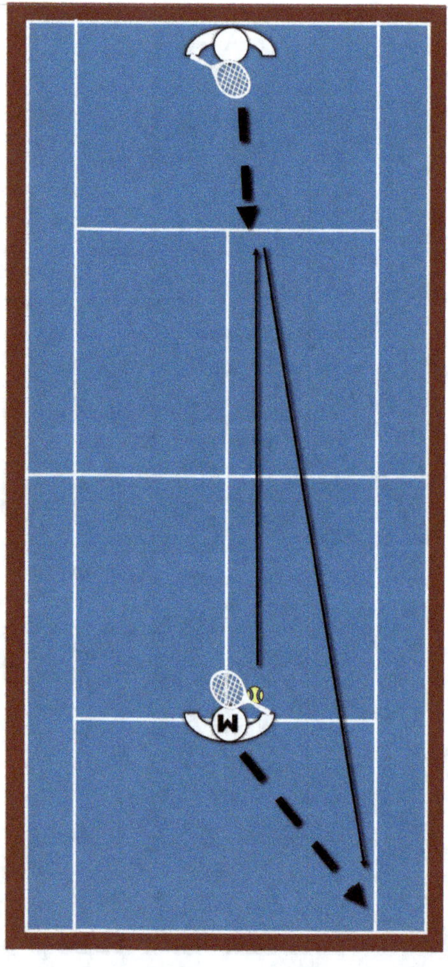

Tarea N° 39	Objetivo	Mejora del golpeo de revés
	Jugadores	1+M

Explicación

El monitor desde el medio de la pista y el jugador desde el fondo. El monitor golpeará en paralelo y el jugador tendrá que ir a golpear de revés más cerca o más lejos de la red según lo contrario que haga el monitor

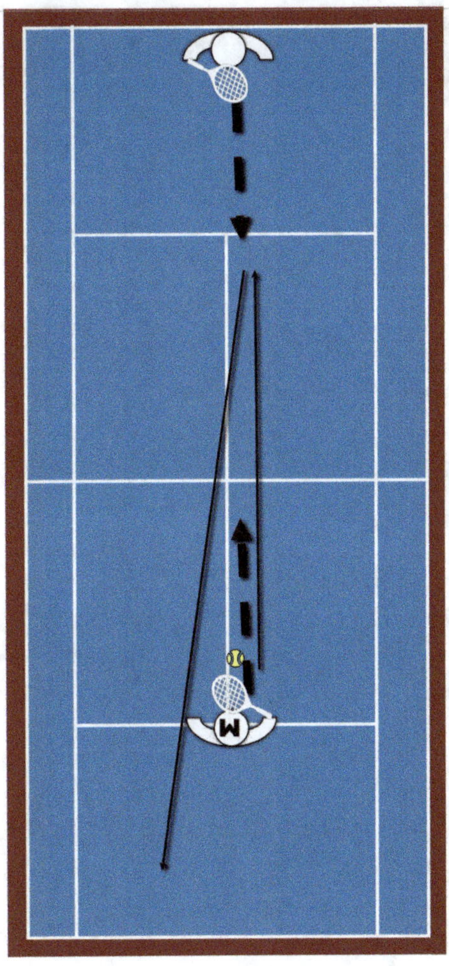

Tarea Nº 40	Objetivo	Mejora del golpeo de revés
	Jugadores	1+M

Explicación

El monitor cerca de la red y el jugador en el medio de la pista. El monitor golpeará en paralelo y el jugador tendrá que golpear de revés al lado que se dirija el monitor.

Tarea N° 41	Objetivo	Mejora del golpeo de revés
	Jugadores	1+M

Explicación

El monitor cerca de la red y el jugador en el medio de la pista . El monitor golpeará en paralelo y el jugador tendrá que golpear de revés al lado contrario al que se dirija el monitor.

Tarea N° 42	Objetivo	Mejora del golpeo de revés
	Jugadores	1+M

Explicación

El monitor cerca de la red y el jugador en el medio de la pista. El monitor golpeará en paralelo y el jugador tendrá que golpear de revés más cerca o más lejos de la red según si el monitor queda quieto o se aleja de la red.

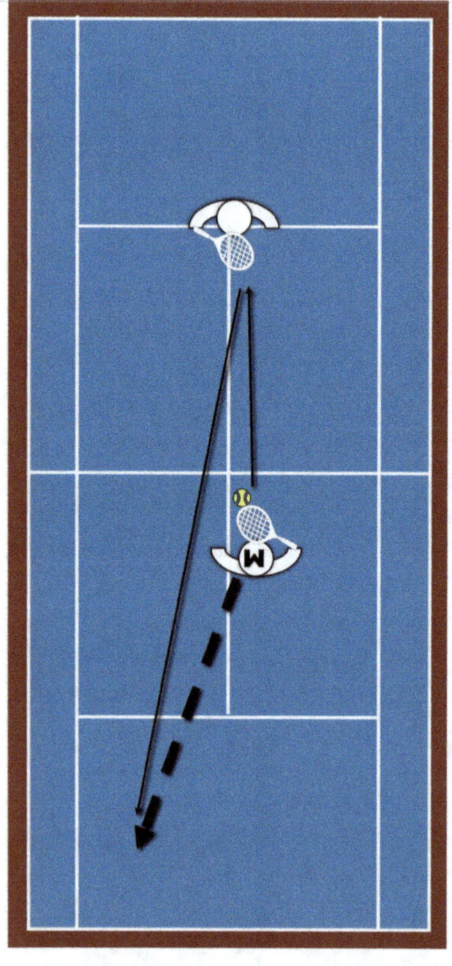

Tarea N° 43	Objetivo	Mejora del golpeo de revés
	Jugadores	1+M

Explicación

El monitor cerca de la red y el jugador en el medio de la pista. El monitor golpeará en paralelo y el jugador tendrá que golpear de revés más cerca de la red si el monitor se aleja o más lejos de la red si el monitor se queda cerca.

<table>
<tr><td rowspan="2">Tarea
N° 44</td><td>Objetivo</td><td>Mejora del golpeo de revés</td></tr>
<tr><td>Jugadores</td><td>1+M</td></tr>
</table>

Explicación

El monitor y el jugador cerca de la red. El monitor golpeará en paralelo y el jugador tendrá que golpear de revés al lado que se dirija el monitor.

Tarea N° 45	Objetivo	Mejora del golpeo de revés
	Jugadores	1+M

Explicación

El monitor y el jugador cerca de la red.. El monitor golpeará en paralelo y el jugador tendrá que golpear de revés al lado contrario al que se dirija el monitor.

Tarea N° 46	Objetivo	Mejora del golpeo de revés
	Jugadores	1+M

Explicación

El monitor y el jugador cerca de la red. El monitor golpeará en paralelo y el jugador tendrá que golpear de revés más cerca o más lejos de la red según si el monitor queda quieto o se aleja de la red.

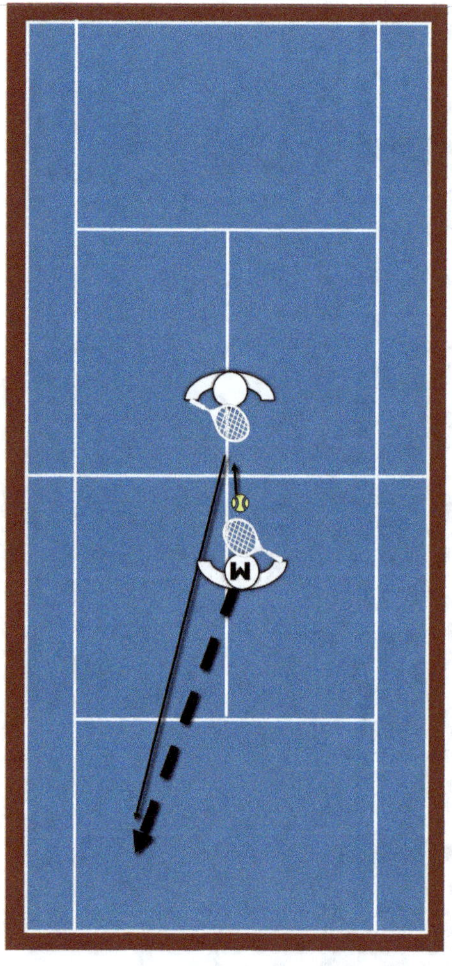

Tarea N° 47	Objetivo	Mejora del golpeo de revés
	Jugadores	1+M

Explicación

El monitor y el jugador cerca de la red. El monitor golpeará en paralelo y el jugador tendrá que golpear de revés más cerca de la red si el monitor se aleja o más lejos de la red si el monitor se queda cerca.

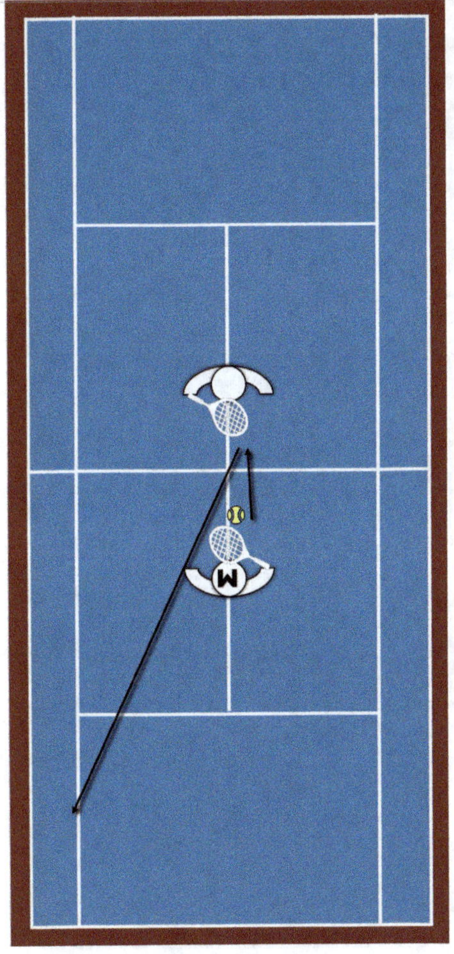

Tarea N° 48	Objetivo	Mejora del golpeo de revés
	Jugadores	1+M

Explicación

El monitor y el jugador en el medio de la pista.. El monitor golpeará y el jugador tendrá que ir a golpear de revés al lado al que se dirija el monitor.

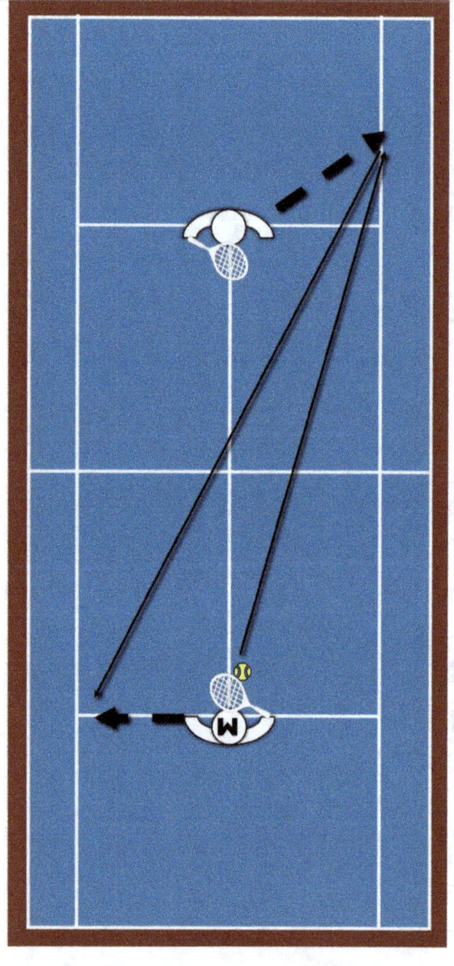

Tarea N° 49	Objetivo	Mejora del golpeo de revés
	Jugadores	1+M

Explicación

El monitor y el jugador en el medio de la pista. El monitor golpeará y el jugador tendrá que ir a golpear de revés al lado contrario al que se dirija el monitor.

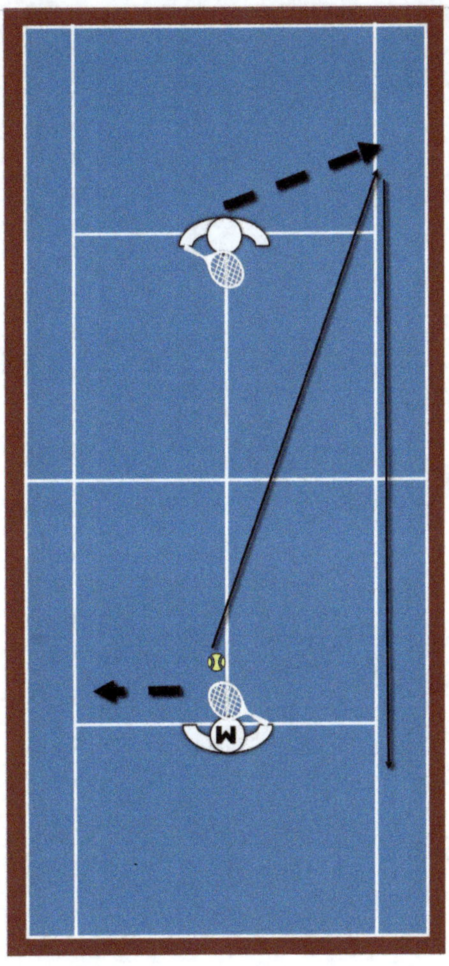

| Tarea N° 50 | Objetivo | Mejora del golpeo de revés |
| | Jugadores | 1+M |

Explicación

El monitor desde el medio de la pista y el jugador desde el fondo. El monitor golpeará en paralelo y el jugador tendrá que ir a golpear de revés más cerca o más lejos de la red según si el monitor se acerca o se aleja.

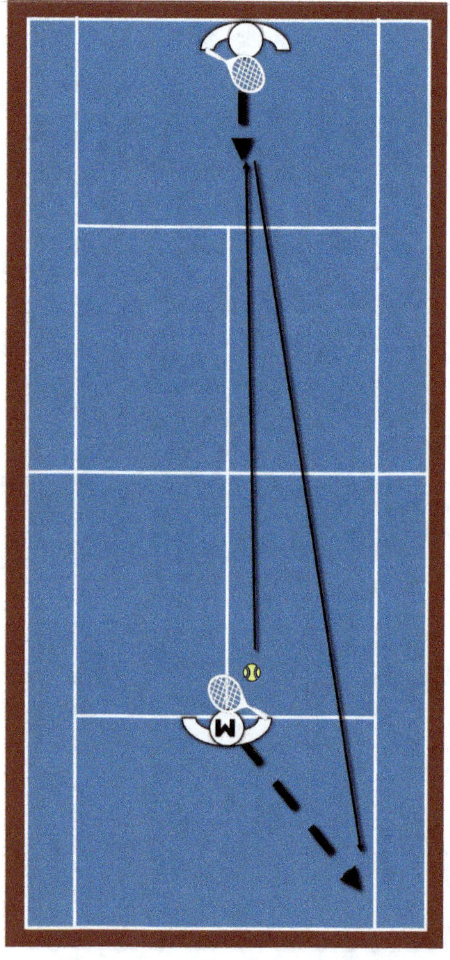

Tarea Nº 51	Objetivo	Mejora del golpeo de revés
	Jugadores	1+M

Explicación

El monitor y el jugador desde el medio de la pista. El monitor golpeará y el jugador tendrá que ir a golpear de revés más cerca o más lejos de la red según lo contrario que haga el monitor.

Tarea Nº 52	Objetivo	Mejora del golpeo de revés
	Jugadores	1+M

Explicación

El monitor cerca de la red y el jugador en el medio de la pista. El monitor golpeará y el jugador tendrá que ir a golpear de revés al lado que se dirija el monitor.

Tarea N° 53	Objetivo	Mejora del golpeo de revés
	Jugadores	1+M

Explicación

El monitor cerca de la red y el jugador en el medio de la pista . El monitor golpeará y el jugador tendrá que ir a golpear de revés al lado contrario al que se dirija el monitor.

Tarea N° 54	Objetivo	Mejora del golpeo de revés
	Jugadores	1+M

Explicación

El monitor cerca de la red y el jugador en el medio de la pista. El monitor golpeará y el jugador tendrá que ir a golpear de revés más cerca o más lejos de la red según si el monitor queda quieto o se aleja de la red.

Tarea N° 55	Objetivo	Mejora del golpeo de revés
	Jugadores	1+M

Explicación

El monitor cerca de la red y el jugador en el medio de la pista. El monitor golpeará y el jugador tendrá que ir a golpear de revés más cerca de la red si el monitor se aleja o más lejos de la red si el monitor se queda cerca.

Tarea N° 56	Objetivo	Mejora del golpeo de derecha y el remate
	Jugadores	1+M

Explicación

El jugador realizará golpeos de derecha hacia el monitor hasta que el monitor le levante la pelota y pueda rematar.

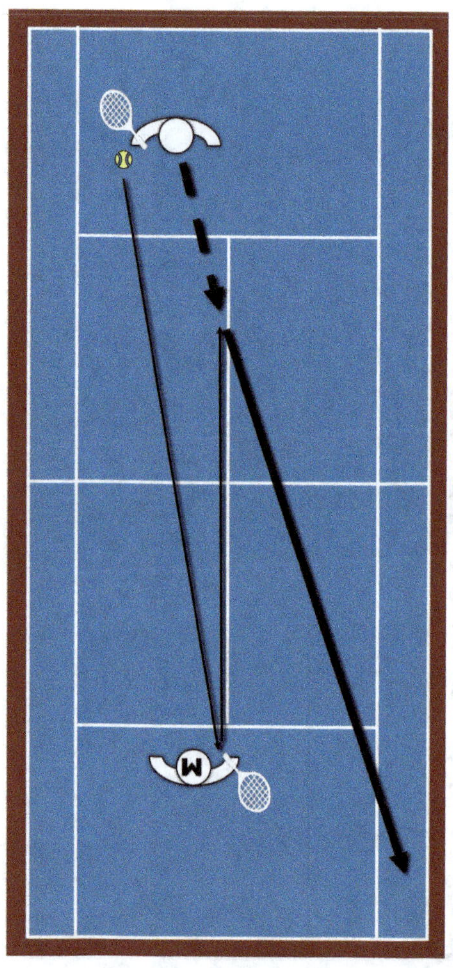

Tarea Nº 57	Objetivo	Mejora del golpeo de revés y el remate
	Jugadores	1+M

Explicación

El jugador realizará golpeos de revés en paralelo hacia el monitor hasta que el monitor le levante la pelota y pueda rematar.

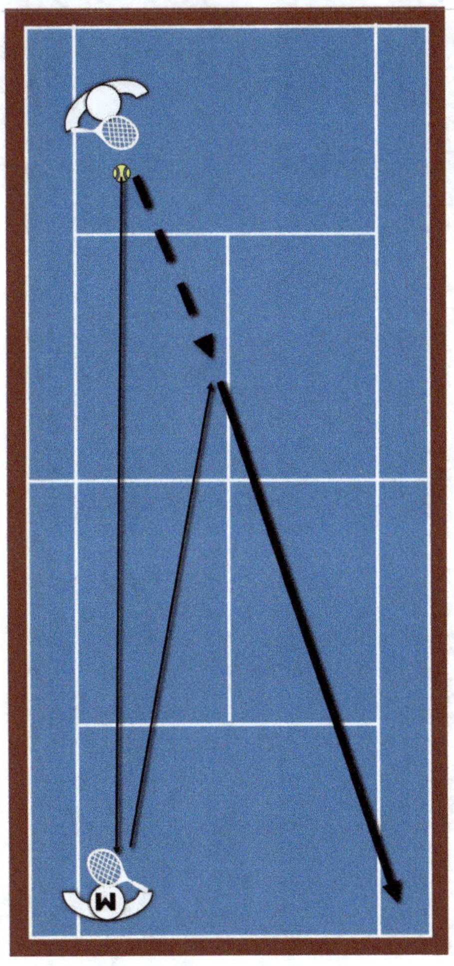

Tarea N° 58	Objetivo	Mejora del golpeo de revés y el remate
	Jugadores	1+M

Explicación

El jugador realizará golpeos de revés hacia el monitor hasta que el monitor le levante la pelota y pueda rematar.

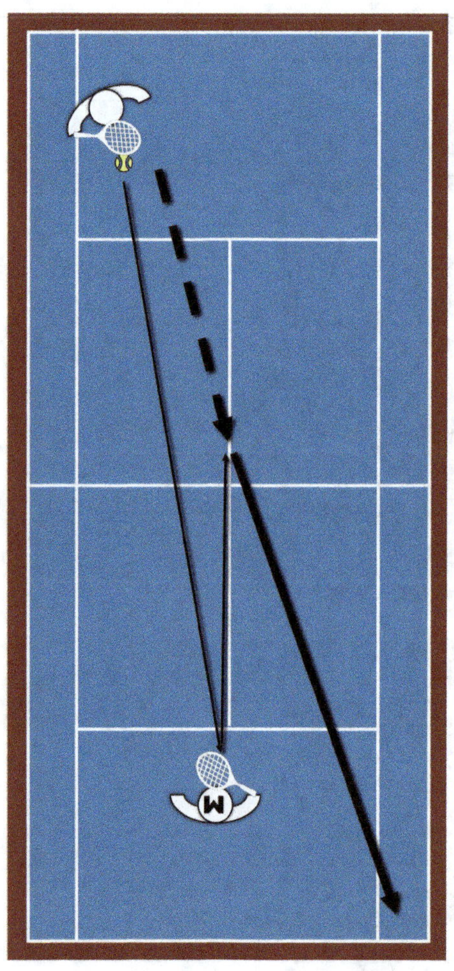

Tarea N° 59	Objetivo	Mejora del remate
	Jugadores	1+M

Explicación

El jugador realizará golpeos cruzados hacia el monitor hasta que el monitor le levante la pelota y pueda rematar.

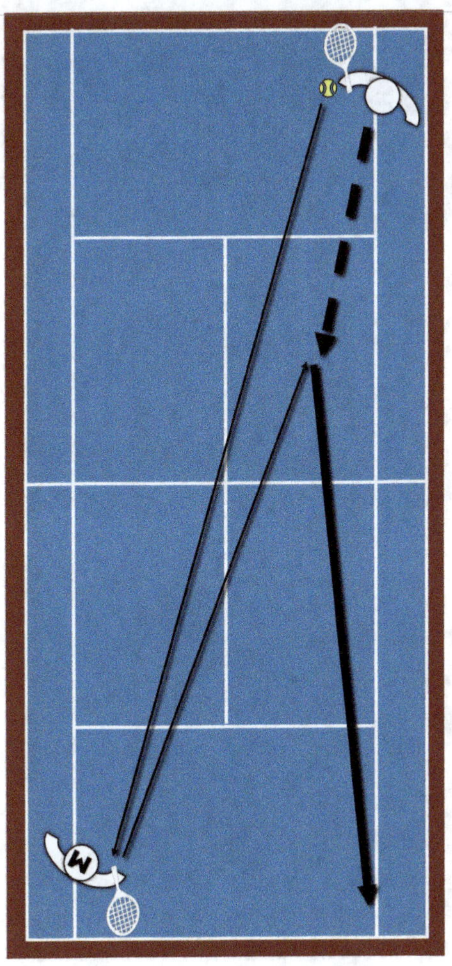

Tarea N° 60	Objetivo	Mejora del remate
	Jugadores	1+M

Explicación

El jugador intercambiará golpeos con el monitor hasta que el monitor le levante la bola y pueda rematar.

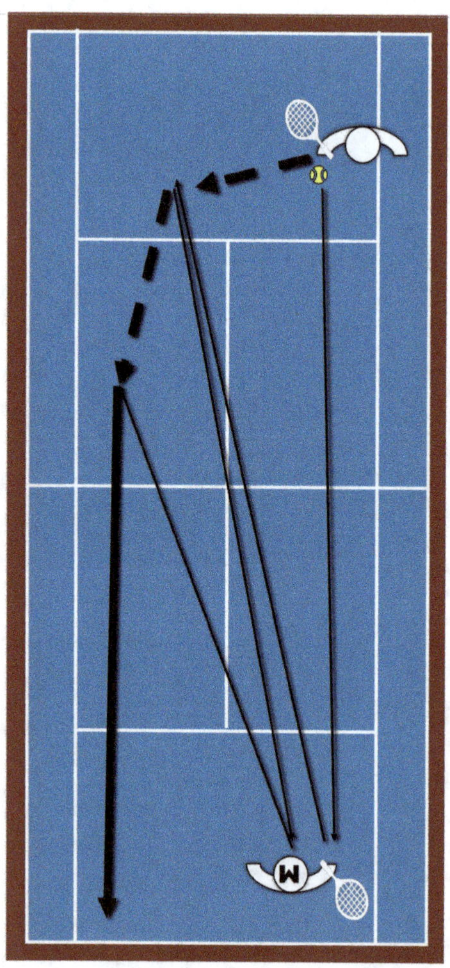

Tarea N° 61	Objetivo	Mejora del golpeo de volea
	Jugadores	1+M

Explicación

El jugador cerca de la red y el monitor en el fondo de la pista. El jugador tendrá que ir a golpear de volea cuando golpee el monitor. El monitor cambiará el lugar donde envíe su golpeo en cada ocasión.

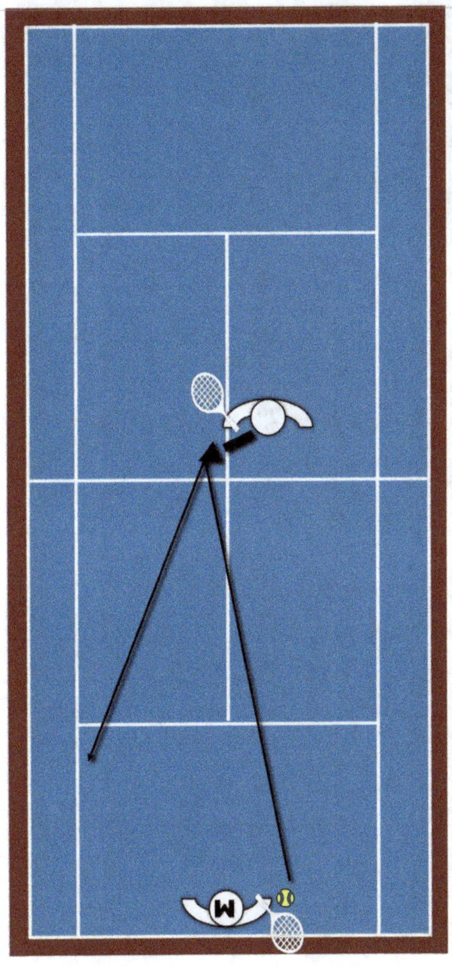

Tarea N° 62	Objetivo	Mejora del golpeo de volea
	Jugadores	1+M

Explicación

El jugador y el monitor en el fondo de la pista. El jugador golpeará hacia el monitor y tendrá que ir a golpear de volea cuando golpee el monitor. El monitor cambiará el lugar donde envíe su golpeo en cada ocasión.

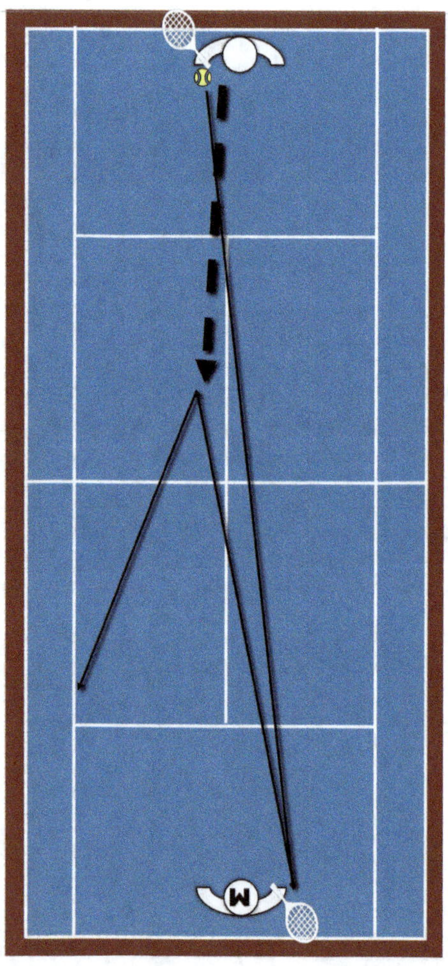

Tarea N° 63	Objetivo	Mejora del golpeo de volea
	Jugadores	1+M

Explicación

El jugador en una esquina y el monitor en el fondo de la pista. El jugador golpeará hacia el monitor y tendrá que ir a golpear de volea cuando golpee el monitor. El monitor cambiará el lugar donde envíe su golpeo en cada ocasión.

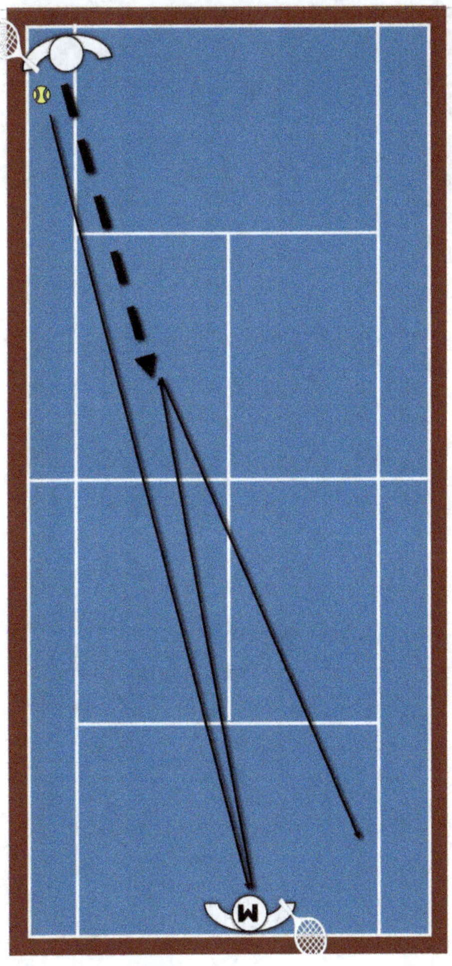

Tarea N° 64	Objetivo	Mejora del golpeo de volea
	Jugadores	1+M

Explicación

El jugador en el fondo de la pista y el monitor cerca de la red. El jugador golpeará hacia el monitor y tendrá que ir a golpear de volea cuando golpee el monitor. El monitor cambiará el lugar donde envíe su golpeo en cada ocasión.

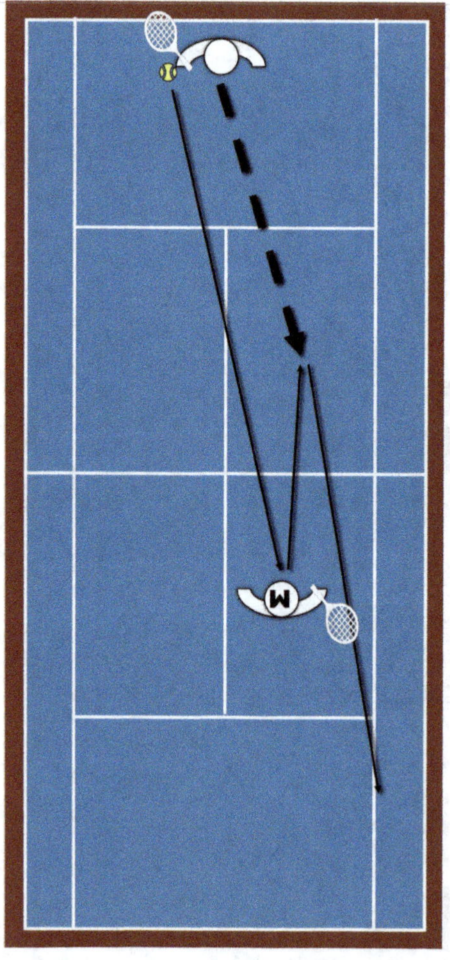

Tarea N° 65	Objetivo	Mejora del golpeo
	Jugadores	4

Explicación

Las parejas jugarán un partido. Cada jugador de cada pareja ocupará una de las tres zonas y la otra pareja deberá golpear hacia la zona que quede libre y tendrá que ir a golpear el jugador que esté en mejores condiciones para el golpeo.

Tarea Nº 66	Objetivo	Mejora del golpeo
	Jugadores	4

Explicación

Cada jugador de cada pareja ocupará o la zona delantera o la trasera, no pudiendo cambiarse ni ocupar la otra mientras juegan. El equipo contrario intentará anotar tantos complicándoles los golpeos.

Tarea N° 67	Objetivo	Mejora del golpeo
	Jugadores	4

Explicación

Cada jugador de cada pareja ocupará o la zona derecha o la izquierda de la cancha no pudiendo cambiarse ni ocupar la otra mitad mientras juegan. El equipo contrario intentará anotar tantos complicándoles los golpeos.

Tarea N° 68	Objetivo	Mejora del golpeo
	Jugadores	4

Explicación

Las parejas no podrán ocupar la zona del fondo de la pista. El equipo contrario intentará anotar tantos complicándoles los golpeos e intentando golpear hacia la zona del fondo eligiendo el mejor golpeo.

Tarea N° 69	Objetivo	Mejora del golpeo
	Jugadores	4

Explicación

Las parejas tendrán que estar en la misma zona en el momento del golpeo y la pareja rival intentará enviar la pelota a una de las otras zonas para que no puedan llegar.

Tarea Nº 70	Objetivo	Mejora del golpeo
	Jugadores	4

Explicación

Las parejas tendrán que estar en la misma mitad en el momento del golpeo y la pareja rival intentará enviar la pelota a la otra mitad para que no puedan llegar.

BIBLIOGRAFÍA

- Alarcón, F.; Cárdenas, D.; Clemente, V.; Collado, J. A. (Coord.); Guillén, J. C.; Jiménez, M.; Lázaro J.; Mercadé, O.; Ardoy, D. N.; Rivilla, I. y Sánchez, M. (2018): *Neurociencia, deporte y educación.* Editorial Wanceulen.

- Ballarini, F. (2016): *REC: ¿Por qué recordamos lo que recordamos y olvidamos lo que olvidamos?* Editorial Debate.

- Bargh, J. (2018): ¿Por qué hacemos lo que hacemos?: el poder del inconsciente. Editorial Ediciones B.

- Caballero, M. (2017): *Neuroeducación de profesores y para profesores: De profesor a maestro de cabecera.* Editorial Ediciones Pirámide.

- Crespo García, Manuel J. (2019): *Neurociencia aplicada al fútbol. Propuesta práctica.* Editorial Wanceulen.

- Espar, Xesco (2010): *Jugar con el corazón: La excelencia no es suficiente.* Plataforma Editorial.

- Fradua, Luis (1997): *La visión periférica del futbolista.* Editorial Paidotribo.

- Garganta, J. y Pinto, J. en Graça, A. y Oliveira, J. (1997): *La enseñanza de los juegos Deportivos.* Editorial Paidotribo.

- Jackson, Phil (2014): *Once anillos.* Editorial Roca.

- Jozami, Silvina (2019): *Potenciando tu mente deportiva. Neurociencia simple para transforma el rendimiento deportivo.* Editorial Caligrama.

- Marí, Pep (2011): *Aprender de los campeones.* Plataforma Editorial.

- Marí, Pep (2019): *Equipos campeones: Como convertir un buen equipo en uno mucho mejor.* Editorial Plataforma Impresa.

- Mora, F. (2014): *¿Cómo funciona el cerebro?* Alianza editorial.

- Mora, F. (2017): *Neuroeducación: sólo se puede aprender de aquello que se ama.* Alianza editorial.

- Navarro Valdivieso, F.; González Ravé, J. M. y Pablos Abella, C. (2014): *Entrenamiento Deportivo. Teoría y Práctica.* Editorial Médica Panamericana.

- Pérez, Marcial (2019): *Mente Deportiva: Entrenar el cerebro para extender los límites del rendimiento.* Autoría Editorial.

- Revuelta Candón, Amalia (2016): *El cerebro decide.* Editorial Fútbol Táctico.

- Tamorri, Stéfano (2004): *Neurociencias y deporte. Psicología deportiva. Procesos mentales del atleta.* Editorial Paidotribo.

-

www.ingramcontent.com/pod-product-compliance
Lightning Source LLC
LaVergne TN
LVHW010908200726